AF215961

Erkenne Deine Möglichkeiten und wer Du bist

Band 2
Die Leichtigkeit des Seins

Von
Robert Klaushofer
November 2017

Herstellung und Verlag: BoD – Books on Demand, Norderstedt.
ISBN 9783746035734

Index

Vorwort

Es ist mir eine Freude, dass ich Dich durch dieses Büchlein begrüßen darf. Ich schreibe all dies, weil ich auf unser höchstes Gut – **Mensch-Sein** - aufmerksam machen möchte. Es ist sehr wichtig in unserer Zeitqualität, dass wir wissen, wie wir uns schützen können und mit relativ einfachen Mitteln entgiften. Wirklich wach, können wir nur in einem relativ gesunden sauberen Körper sein.

Relativ deshalb, weil die Umweltbelastung für den Großteil der Menschen nicht zu umgehen ist. Auf die leichte Schulter kann man das nicht nehmen. Daher ist es notwendig, dass wir wirklich an unserer „heilen Welt" arbeiten. Am Beginn ist es vielleicht etwas Arbeit, weil es plötzlich um positive Dinge und Umstände geht. Ja, wenn wir uns gedanklich und mit unserer Vorstellung alles so erdenken und im Geist erbauen, trägt das enorm zur Richtung der Veränderung bei. Wir dürfen damit beginnen unsere Welt umzuerleben, so wie wir sie haben wollen. Darum soll das erste Kapitel auch die Überschrift „Gedanken" haben. Es ist mir mehr als wichtig, dass ich so viele Menschen, wie möglich daran erinnere, dass wir Menschen sind, was mit sich bringt, dass wir nichts Unmenschliches machen, denken, fühlen oder ertragen müssten, wenn uns gelernt werden würde, dass unsere Gedanken Realitäten erschaffen. Viel mehr Beweis als der

Spiegel unseres Seins auf unserer Welt und der angebotenen Unterhaltung, die der gleiche Spiel sind, braucht es eigentlich nicht. Die Masse, macht dann den Rest. Selbst bei Kindersendungen wird meist nur Mobbing, Verrat, Diebstahl, oder Schlimmeres als Handlungsthema gewählt. Was ist wohl die Beschäftigung der Menschen untereinander. Im Kleinen, wie im Großen.

Das und eingeimpfte Gedanken- und Verhaltensmuster, welche auf unserer Welt herrschen, sind Selbstläufer geworden, die von den Massen gelebt und am Leben erhalten werden.

Je mehr Menschen erkennen, dass sie selbst eine der Ursachen sind, „warum alles so ist wie es ist" (oder scheint zu sein), umso mehr wird sich generell alles verändern. Wir kreieren uns in jeder Millisekunde unsere Realität.

Wir können erheblich für unseren eigenen und den Weltfrieden beitragen, wenn wir uns dies verinnerlichen.

Es ist ansteckend. Wenn Du halbwegs gut in Deiner Mitte bist und dieses Gefühl auch pflegst, also auch in die Gelassenheit kommst, wird sich Deine Umwelt so wiederspiegeln.

Ich wünsche Dir viel Spaß und viele tolle Erkenntnisse.

Gedanken

Das Thema Gedanken möchte auch verstanden sein. Es geht dabei nicht nur um die Gedanken, die man als Geplapper im Gehirn bezeichnen kann, sondern um die Gedanken, die zielgerichtet sind und sich mit oder durch Glaubensgrundsätze unterstützen. Es geht auch und mit stärkerer Kraft darum, dass wir erkennen, welchen emotionalen, mentalen oder geistigen Fingerabdruck wir hinterlassen. Was strahlst Du hauptsächlich aus?

Was möchte ich und was gebe ich. Ich persönlich bin bestrebt, dass ich aufmerksam und helfend, oder zumindest unterstützend für alles Leben anwesend bin. Um Deine Anwesenheit geht es hauptsächlich.

Hier und Anwesend sein hat viele Vorteile. Du erkennst Fügungen besser und dadurch werden Wünsche und gewollte Umstände Realität.

Wenn wir Zitronen pflanzen, können wir keine Äpfel ernten. Das was wir geben, kommt wieder zurück. Gebe ich Aufmerksamkeit mit der Menschlichkeit meines Seins, aus dem Herzen, ernte ich sehr offene, liebevolle, gut wollende Aspekte von den Menschen, die ich treffe und meinen Lebensumständen.

Deshalb schreibe ich auch dieses Buch, dass wir uns endlich mit unseren Ängsten Beschäftigen, die uns nur aufhalten und von unserem Lebensweg abbringen.

Hier ein Zitat von unbekannt.

„Der Gedanke ist der Vater aller Dinge"!

Die meisten Menschen kennen diesen Satz, kaum einer kennt die wahre Bedeutung, geschweige denn die gewaltige Tragweite dieses Satzes.

Mit dem Gedanken fängt ALLES an - im Geistigen wird ausnahmslos die Ursache für ALLES gelegt - kein Ding kann sein, ohne dass es vorher in Gedanken war.

In der Umkehrung - Alles das, was DU in Deiner Welt wahrnimmst, hast DU zuerst gedacht, es durch DEINE Gedanken und Gefühle belebt, es dadurch in die Existenz gezwungen - ohne Ausnahme.

DU selbst bist der Architekt DEINES Schicksals!
Durch die Macht DEINER Gedanken stehst DU auf der Stufe eines Mitschöpfers dieses Universums!
Konsequenz daraus - Der Mensch ist sich selbst durch seine Gedanken der größte Feind oder der beste

Freund. Wenn der Mensch sein Denken ändert, so ändert sich der ganze Mensch.

Die Wissenschaftler haben am Anfang des 20. Jahrhunderts die Natur der Materie und des Atoms untersucht und stellten erstaunt fest, dass unsere Materie nicht so real ist, wie sie immer glaubten. Unsere Materie besteht eher aus Energieansammlungen, die man als stehende Wellen, elektronischer Energie beschreiben kann. Die Wissenschaftler konnten den Impuls und den Aufenthaltsort eines Elektrons nur als Funktion von Wahrscheinlichkeiten beschreiben. Sie erkannten auch, dass das Elektron und damit alle Materie, Bewusstseins- Eigenschaften besitzt. Dadurch hat sich die Wissenschaft den materialistischen Boden, selbst unter den Füßen weggezogen.

Albert Einstein
"Es sieht immer mehr so aus, als ob das ganze Universum nichts anderes ist, als ein einziger grandioser Gedanke!" - und damit erkannte er eine Wahrheit.

Es gibt einige Wissenschaftler die annehmen und auch wissen, dass Gedanken-Kräfte die Ursache aller Dinge und allen Seins sind. Sie wissen noch nicht, wie es funktioniert, doch gibt es schon sehr interessante Ansichten.

Leider tappt die Mehrheit der Wissenschaftler weiterhin auf dem materialistischen Dogma herum, dass alles messbar und experimentell erforschbar sein muss, was nicht sein kann. Materie darf bei diesen Wissenschaftlern kein Bewusstsein besitzen, was im Widerspruch zu Erkenntnissen ihrer eigenen Wissenschaft steht. So hat sich diese Wissenschaft selbst in eine Sackgasse geführt und wieder bleibt die Wahrheit verschlossen, weil es nicht ins Weltbild passen will und soll, was Gedanken sind.

Grobe Messgeräte können das Wesen der Gedanken und des Bewusstseins niemals offenbaren, noch dazu, wenn das nötige Bewusstsein bei den Forschern fehlt.

Wir können unsere Gedanken, an jeden Ort schicken, zu den Entferntesten Dingen, in die Zukunft oder in unsere Vergangenheit. Gedanken brauchen keine Zeit und sind sofort dort, wo Du willst.

Gedanken sind unsere stärkste Macht.

Lass sie uns zum Wohle Aller einsetzen.

Index

Was bestimmt unser SO- SEIN

Es ist wie in einem Theaterstück. Ein Spiel, in dem wir in eine ganz bestimmte Richtung eingebettet wurden. Jeder Mensch hat seine eigene Lebensart und Einstellung. Jedes Volk, Land jede Nation.

Wir werden geboren und übernehmen die meisten Gegebenheiten oder Umstände, wie was ist als Wahrheit an, ohne dass wir die meisten hinterfragen, ob es wirklich und wahr ist. Verhaltensweisen werden übernommen und schon funktionieren wir in diesem Schema, diesem Plan, der Seinsweise vom Clan, der Sippe, dem Volk usw...

Hier tut es gut das auch etwas Ahnenforschung betrieben wird und die Verhaltensweisen erkundet werden. Das gibt oft sehr viel Aufschluss zu eigenen Belastungen und Qualitäten und es können über Generationen weitergegebene Umstände, aufgelöst und transformiert werden.

Auch gesellschaftlich ist es nicht anders, weil wir mit unserem Denken, diesen Apparat aufrechterhalten.

Wenn wir unser Denken verändern, verändert sich alles augenblicklich. Bei uns im Kleinen, so wie kollektiv im Größeren.

Dass es so, wie es läuft und in unserer Gesellschaft aufgebaut ist, nicht funktioniert, sehen wir um uns und bekommen es immer wieder bestätig. Ob Wirtschaft, Medizin, Politik, Information, der sogenannte Bildungsapparat und natürlich ganz speziell unser Finanz- und Geldsystem.

Hier geht es nur von arm nach reich. Viele haben das noch immer nicht durchblickt oder verstanden.
Darum hier noch ein Mal eine ganz kurze Erklärung:

Angenommen alles Geld auf unserer Welt sind 10 000 € und Du nimmst Dir diese 10 000 € Kredit. Die Bank sagt, sie möchte nach einer gewissen Zeit 12 000 € zurück, doch es gibt ja nur 10 000 €. Woher also sollst Du das Geld nehmen? Weil sich viele Leute Kredite nehmen, was die einzige Möglichkeit ist, dass Geld erschaffen wird, musst Du jemandem 2000 € wegnehmen oder neuerliche Schulden machen, um Deinen Kredit zu bezahlen. Jetzt stell Dir vor was da abgeht mit den Superreichen und Reichen, wie viele Zinsen die jeden Tag bekommen. Wer bezahlt diese. Genau, das Volk wir und so fließt immer mehr von arm zu reich. Die Armen werden ärmer und die Reichen immer reicher. Jetzt hat man wieder ein paar Mittel und Wege gefunden, die ganze Misswirtschaft etwas länger aufrechtzuerhalten, um das kommende Desaster noch etwas zu verschieben. Und wieder sind es Beschneidungen und Sparmaßnahmen, in Form von weniger Verdienst und höheren Abgaben. Andreas Popp und

<u>Franz Hörmann</u>, haben schon sehr gute lebbare Konzepte und vor Allem, ein wunderbares Wissen über dieses Thema.

Wir werden durch alle Medien und Politiker so getrimmt, dass wir ohne Hilfe kaum mehr aus dieser Grube herauskommen. Meinungen und die Gestaltung unseres Lebens führen uns durch diese Informationen immer mehr zu Leid, Zeitlosigkeit und Anstrengung. Wir werden extrem manipuliert und mit Informationen überschüttet, die entweder total an den Haaren herbeigezogen wurden, nur Halbwahrheiten sind oder nur dafür dienen uns zu verbiegen, verdrehen und verwirren.

Die Medizin hängt nur noch mit der Wirtschaft zusammen und hat kaum mehr die Absicht zu Heilen oder das Bestmögliche für uns zu machen. Ich bin nun schon seit mehr als 30 Jahren in der Gesundheitserhaltung tätig und habe nur sehr wenige Menschen kennengelernt, welchen im Spital oder beim Arzt langfristig geholfen wurde. Viele Menschen die sich in die Obhut der Mediziner begaben, hatten danach mehr Probleme als davor. Kleinstkinder werden mit Chemiecocktails vergiftet und so auf gute Einnahmen der Pharmaindustrie vorbereitet. Nun kenne ich schon eine Menge „Kinder" und das schon seit 30 Jahren, die nicht geimpft wurden und eine viel bessere Gesundheit aufweisen, als geimpfte Kinder, die im besten Fall nur mit einer Menge an Allergien zu kämpfen haben.

Hier möchte ich nicht weiter auf die Verbrechen eingehen, denn die werden so wie so schon überall verbreitet und wenn man sich nur etwas Zeit nimmt, wird man da sehr schnell fündig. Wenn Du möchtest hier ist der <u>Link</u> eines wissenswerten Videos. „Sinn oder Unsinn von Impfungen? Anita Petek-Dimmer 1. AZK".

In diesem zweiten Buch möchte ich Dir Ideen geben, wie Du Deine Gesundheit wiedererhalten kannst oder eben gesund bleiben kannst.
Alles hängt von unserem Konsum ab. Physisch und geistig. Alles was wir konsumieren, mit dem Mund, den Augen und geistig, erzeugt eine ganz bestimmte Sichtweise des Lebens, also eine Einstellung, die dafür verantwortlich ist, wie sich unser Leben präsentiert. Wie oben, bei dem Thema Gedanken. Ob Du reich oder arm, gesund oder krank, fröhlich oder deprimiert bist und ob Du an Dich glaubst und Dich liebst oder eben nicht.
So wie es aussieht, gibt es sehr wenige Menschen und von diesen wieder wenige, die sich lieben und bestrebt sind, dass sie sich auf jeder Ebene pflegen. Klar wir machen jeden Tag sehr viel und wir machen es angeblich für uns, doch in Wirklichkeit machen wir dasalles nur für Konzerne und andere Banditen, die stündlich reicher werden und sich an unserer Energie laben. Wir werden immer weniger, geistig wie

spirituell und Natürliches ist schon so weit weggerückt, dass es schon sehr bedenkenswert ist.

Hochkulturen und perfekte Bauten, wie die Pyramiden, die angeblich vor ca. 3000 Jahren erbaut wurden, zeigen von einer Reduzierung allen Wissens und Könnens, bis in die heutige Zeit, wo man noch nicht einmal mehr weiß, wie diese erbaut wurden.

Die Lügen gehen vom Kleinsten bis ins Größte und selbst die sogenannten alternativen Medien, sind auch sehr mit Vorsicht zu konsumieren.

Nun gut mit dieser Darstellung, denn ich denke jede/r meiner Leser/innen, wissen wovon ich spreche.

Index

Die Verwandlung eines Ist- Zustandes, den Du vielleicht verändern möchtest.

Gegebenheiten sind nur solange so, so lange Du Energie und Aufmerksamkeit hineingibst. Wenn ich meine Aufmerksamkeit, also meine ausstrahlende Energie abziehe, auf Gewünschtes richte, verändert sich die Situation sofort in eine neue. Je nach dem, können dadurch andere Menschen in Dein Leben kommen und wieder andere, sich zurückziehen oder ganz wegbleiben. Jeder Weg beginnt mit dem ersten Schritt, dem ersten Gedanken.

Ebenso verhält es sich mit Gesundheit oder dem Gegenteil davon. Erst einmal gibt es für mich keine Krankheiten, denn es gibt ja auch keine Gesundheiten. Der Mensch ist entweder aus seiner Mitte gefallen oder in seiner Mitte zentriert. Wenn Du Symptomen auf dieser Weise begegnest verlieren sie schon etwas an Macht, weil die einzige Aufgabe darin besteht, sich wieder in die Mitte zu bringen und dabei ist es egal ob das körperliche oder mentale Ursachen sind.

Die Überlegung geht in die Richtung der Frage:

„Wie bringe ich mich in meine Mitte, meine Kraft und Macht"?

Schon alleine die Frage bewirkt eine Kalibrierung, denn das Bewusstsein, wie das Unterbewusstsein und das Zellbewusstsein, so wie auch der Verstand suchen nach einer Antwort und schon kommen die ersten Ideen hervor, was Du alles für Dich tun kannst oder könntest, wenn Du es auch wirklich „ernst" meinst. Doch nicht nur die Ideen sind es, sondern der ganze Körper und unser Sein, wir beginnen sofort alles zu unternehmen, dass so viel und so schnell wie möglich repariert wird.

Die Vergiftung passiert andauernd und überall. Wenn die Meisten nicht essen und trinken, konsumieren sie Nachrichten und sehr unvorteilhafte Informationen, die eben den Geist und den Verstand vergiften, die dann lange damit zu tun haben und diese Informationen an Zellen und Gefühle weitergeben.

Der Mensch besteht zu einem sehr hohen Anteil aus Wasser. Wasser wiederum ist der schnellste Informationsträger und noch sehr viel mehr.

Alles was wir an Informationen aufnehmen, wird im Wasser, also Körperwasser gespeichert und bringt den ganzen Körper in diese Schwingung.

Freudige Nachrichten energetisieren und traurige Nachrichten ziehen runter, machen müde und energielos.

Wie glaubst Du ist es dann, in welcher Schwingung bewege ich mich, wenn ich Nachrichten höre, mich über Krankheiten unterhalte, mich über andere beklage oder angstvoll in die Zukunft blicke?

Natürlich gibt es da noch eine Vielzahl von Beispielen aufzuzählen, die jeden Tag und immer wieder gemacht werden.

Ich erzähle Dir das nur, um zu veranschaulichen, dass es auch eine Menge Arbeit und Zeit braucht, bis Unannehmlichkeiten und körperliche Symptome auftreten. So benötigt es auch etwas Zeit, das man sich wieder umpolt und in die Mitte und Deine Kraft bringt.

Alles ist Schwingung und Information. Erhöhe ich meine Schwingung, bin ich immer unantastbarer und gesünder.

Schadstoffinformationen haben meist eine sehr langsame, tiefere Schwingung und werden daher in einem hoch schwingenden Körper und Geist, leichter transformiert und unschädlich gemacht.

Im ersten Büchlein habe ich Dir geschrieben, wie Du Dein Schwingungsmuster erhöhen kannst und dass es ganz auf Deine Einstellung ankommt, wie es Dir geht.

Selbst bei kleinen Ärgernissen, ist es nur Deine Einstellung, wie Du dem Menschen oder der Situation begegnest.

Wenn ich mich über etwas ärgere, -achte auf den Satz – „ich mich ärgere", denn Du kannst mich nicht ärgern, wenn ich nicht in Resonanz damit gehe.

Deine Einstellung, Dein Muster, Denken und Fühlen, bestimmt ob es Dir gut geht oder nicht. Egal auf welcher Ebene und in welchem Bereich. Wir ziehen nur das in unser Leben, womit wir innerlich in Resonanz stehen.

Bring Dich in Resonanz mit Wohlstand und Gesundheit!

Wie?

Zuerst dürfen wir unseren Glaubensgrundsätzen, die das Leben und Sein betreffen begegnen und diese entlassen oder verändern. Glaubensgrundsätze sind maßgeblich an unseren Erfahrungen und deren Qualität beteiligt. „Das Leben ist kurz und beschissen, wie eine Hühnerleiter" wird keine positiven Erfahrungen bewirken.

Erforsche Dich selbst und die Dir eingepflanzten Meinungen und Glaubensgrundsätze. Es wird Zeit, dass wir uns kennenlernen. Wenn Du frei bist, (danach gebe ich noch Empfehlungen) von blockierenden Gedanken und Gefühlsmustern, dann kannst Du Dich neu programmieren.

Denk an Gesundheit und fühle sie. Stell es Dir so bunt und ganzheitlich vor, wie möglich. Dabei ist es nicht notwendig auf die einzelnen Organe einzugehen. Es reicht auch, wenn Du es erstrebst, dass Du Dich ganzheitlich wohl fühlst. Stell Dir einfach vor was Du dazu brauchst und wie das auf Dich wirkt. Wie es die Menschen um Dich verändert und andere Erlebnisse hervorruft. Beachte stets, dass es auch zum Wohl für alle Beteiligten ist.

Wenn wir uns in eine Vorstellung begeben, reagiert sofort jedes kleinste Teilchen. So können wir auch oft die Botschaft unserer Krankheit erkennen. Wozu wir uns diesen Um- oder Zustand erschaffen haben. Es liegt auch ganz an uns, dass wir uns wohl fühlen – auch wenn alles anscheinend dagegenspricht, doch alle Situationen in die wir uns begeben sind dazu da, dass wir lernen, immer mehr das zu machen, was wir wirklich sein wollen und sind.

Ein Mann bekam aus einem dummen Spaß, die Information, dass seine Frau bei einem Verkehrsunfall ums Leben gekommen ist. Obwohl er das nicht gesehen hat und sich nichts in seinem momentanen Umfeld verändert hat, außer dieses seltsamen Spaßes, wurde er von einer zur anderen Sekunde bleich im Gesicht und verfiel in ein sehr schlimmes Gefühl. Der Spaßmacher hatte einiges zu tun, dass der Mann überhaupt mitbekam, dass er nur einen sehr dummen Spaß gemacht hat.

Jetzt kannst Du Dir vorstellen, was die Nachrichten aus TV usw. innerlich mit uns machen. Wir bekommen es meist nicht mehr mit, weil wir schon so sehr abgebrüht sind, dass wir sogar oft meinen, dass das mit uns nichts macht und wir über den Dingen stehen.

Nein, so ist das nicht. Unser Körperwasser wird schal und unsere Gedanken beschäftigen sich mit diesen destruktiven Energien – den Vorkommnissen und vergiften unsere Wahrnehmung und unser gesamtes Menschsein. Wirklich sind das schwere Verletzungen, wenn wir jeden Tag mehrmals von Verbrechen vieler Art und katastrophalen Umständen hören und sehen.

Es wäre ein leichtes, wenn jeder zum Menschen erwachen möchte. Da genügt schon die Intension, denn dann wird der Mensch vermeiden, dass unmenschliches getan wird und schon wird alles erzeugte Leid Vergangenheit.

Nun was können wir für unsere persönliche Entwicklung tun? Am Ende des Buches werde ich Dir einige Literaturhinweise geben und hier die praktischen Dinge anführen.
Praktisches aus unserem täglichen Leben.

Unser erstes Vorhaben am Morgen, ein paar Minuten Ruhe, Innenschau, danach etwas über den kommenden Tag reflektieren und mit positiver Energie füllen. Dazu stehen wir meist eine Stunde vor unseren Kindern auf, dass wir ungestört sind. Wasser trinken! Unser Wasser ist mit <u>Kolzov Platten</u> energetisiert und durch eine fünfstufige Osmose Anlage gefiltert. Unser Trinkwasserwert liegt bei 7µ.
Danach machen wir <u>Agnihotra</u>, welches bei Sonnenaufgang und Sonnenuntergang vollzogen wird. Meist sind dann unsere zwei Mädchen schon mit dabei.
Danach gibt es wieder ein Glas Wasser, ein paar Tropfen monoatomisches Gold. Nach ca. einer Stunde gibt's dann Frühstück, welches nur aus Früchten besteht.

Obst verlässt am schnellsten den Magen, deshalb sollte Obst auf keinen Fall mit Zerealien gemischt werden, da sonst das Obst so lange im Magen bleibt, bis diese verdaut sind und so schlechte Gase erzeugen kann.

Wenn Du außerhalb einer Arbeit nachgehst, kannst Du Dir auch sehr gut Obst mitnehmen oder unterwegs beschaffen. Vermeide es Deinen Organismus schon in der Früh mit festem Essen zu belasten. Milch, Käse, Brot und Eier, sollten um diese Zeit noch weggelassen werden. In der Früh machen wir auch noch die fünf Tibeter, welche der Gesundheit, der Beweglichkeit, der Kraft und Ausdauer sehr dienlich sind.

In der Früh gibt es bei uns verschiedenes Obst und erst zu Mittag essen wir das, was andere zum Frühstück essen. Vorher gibt es noch verschiedene Mineralien und Vitamine. Einen Tag mal die und am nächsten vielleicht Anderes. MSM, Turmalin Pulver, kolloidales Silberwasser, welches mich schon über 30 Jahre begleitet, NEM, Calcium in Form von Brasilianischen Frischkorallen oder einfach gemahlene Hühnereierschalen.

Edelshungit, Germanium und die Energiemischung bringen die Abwechslung bei den Einnahmen. Vitamin D^3 und K^2, Vitamin C in Form von Acerolakirsche, Lichtpulver und Silicium, geben immer etwas Abwechslung für eine Zeit. Es ist auch sehr angebracht, wenn Du auf die Herstellung und die

Inhaltsstoffe achtest, auch wenn Du in Bio oder anderen „guten Häusern" kaufst. Auch in Zeolithen ist oft Aluminium versteckt und gewisse Herstellungsverfahren verraten, dass nicht mehr viel Leben drin sein kann.

Index

Aluminium

ist das meist verwendete Leichtmetall und ein sehr hoher Bestandteil der Impfungen, auch jener, die den Kleinstkindern und Babys verabreicht werden. Aluminium passiert die Gehirnschranke und ist absolut giftig für den Körper und ein großes Hindernis für die persönliche Entwicklung. Nach meinem Verstehen, stehen dadurch Vergesslichkeit und Alzheimer ganz oben auf der Liste.

Auch Kochgeschirr wird größten Teils aus Aluminium angeboten und stellt für mich eines der vielen Verbrechen an der Menschheit dar. Pfannen und Töpfe, die aus Aluminium sind und natürlich auch noch mit was auch immer beschichtet, dampfen dennoch bei jeder Erhitzung aus und vergiften unsere darin zubereitete Nahrung, die dann gegessen wird. Selbst kleine Haarkratzer in der Beschichtung sorgen dann noch dafür, dass der hoch giftige Kleber auch noch in das

Essen gelangt und das Aluminium sowieso noch leichter. Diese Stoffe wirken sehr nachteilhaft auf unser Gehirn und die ganze Gesundheit. Knochen, Zähne, Haut, Gewebe, die inneren Organe und bis zu den kleinsten Teilen unseres Körpers bewirken sie, den geistigen und körperlichen Verfall.

Natürlich ist das gewollt, denn niemand verdient Geld mit gesunden Menschen, die vielleicht auch noch eigenverantwortlich leben.

Lesen Sie sorgfältig alle Inhaltsstoffe und achten Sie sehr darauf, dass Sie nichts Aluminiumhaltiges zu sich nehmen. Auch Behältnisse mit Aluminiumdeckel, wie die Jogurt-Becher sind damit gemeint. Wenn Sie auf dieses achten, konsumieren Sie schon Vieles nicht mehr, was sowieso sehr fraglich ist, ob Sie sich das einverleiben sollten oder gar Ihren Kindern geben.

Auch in der Nahrungsergänzung ist das nicht anders, denn selbst bei hochgepriesenen Zeolithen sieht es nicht anders aus.

Wenn Sie Zeolith zu sich nehmen, was sehr gut ist, sollten Sie sich zuvor bestätigen lassen, dass kein Aluminium drin ist. Leider ist das in sehr vielen Produkten der Fall.

Wissenschaftler sind sich darüber einig, dass Aluminium für jede Lebensform stark bedrohlich ist, da es sämtliche Formen von Gewebe schädigt.

Beispiele:

Deodorants, die Achselschweiß unterdrücken. Sie enthalten Verbindungen wie Aluminiumchlorid oder Aluminiumchlorhydroxide, die in Wasser gelöst sind. Sie wirken mechanisch, indem sie Eiweiße ausfüllen und so einen Stopfen in der Schweißdrüse bilden.

Kosmetik, Gewürze und Schokolade, Medikamente, Laugenbackwaren, Alu-Schalen, Alu Dosen, und Vieles mehr.

Das Internet bietet viele gute Seiten, wo Du über Aluminium nachlesen kannst. Auch Dr. Manfred Doepp gibt da sehr gute Infos.

Bitte achte darauf, was Du konsumierst. Die gefährlichen Inhaltsstoffe brauchen ein eigenes Buch. Wenn wir aufmerksam sind, in uns hören, werden wir das so wie so nicht essen. Aludosen, Alupapier, Plastik, gefährliche Inhaltsstoffe, bis hin zu menschlichen Föten, die schon in unsere Nahrung eingebracht sind.

Ja, so sieht es aus. Und wir erleben das, um endlich wieder Selbstbestimmung und Eigenverantwortung zu übernehmen.

Index

Die neue Zeitqualität

So kommen wir zur neuen Zeit, <u>Roman Hafner</u> nennt es eine neue Zeitlinie, die seit Anfang 2017 besteht und die Alte ist dabei sich aufzulösen. Von der alten Zeitqualität gibt es nur noch Bruchstücke, die auch noch sehr stark sein können, weil sich so viele Menschen und Wesen daran festhalten und die neue Zeitqualität noch nicht erreichen können. Die neue Zeitqualität ist noch ganz rein und noch nicht materiell manifestiert. Wir können die neue Zeit an den neuen Qualitäten erkennen. Wir können besser wahrnehmen vor allem uns selbst, unser SELBST. Durch das bessere Wahrnehmen, erkennen wir die unermessliche Kraft, Macht und Liebe unseres Herzens und beginnen, dass wir nur noch aus dem Herzen leben, fühlen, denken, und sprechen. In weiterer Folge, werden wir auch nur noch mit Menschen, die aus dem Herzen leben Geschäfte machen oder andere tiefere Beziehungen eingehen, weil alles andere total unstimmig ist. So dürfen wir erkennen, dass wir mit allem verbunden sind und alles nur „einen" Gedanken weit entfernt ist.
Es bedarf auch einer gewissen Gedanken Hygiene, damit die alten Gedankenmuster sich nicht mehr einschleichen können.

Alles wurde verdreht, dass wir leichter manipulierbar sind.

Es sind meist kleine versteckte Worte, - Information, die was ganz anderes ausdrücken, als wir sagen wollen.

Wie zum Beispiel: „Ich bin zu Hause" Ich bin, ist der stärkste Satz, so ist: „Ich bin zu", ein klarer Befehl an uns selbst. Ob danach Hause oder fleißig kommt, ändert nicht viel.

Das Wort „zu" wurde so sehr in unsere Sprache integriert, dass wir uns jeden Tag sehr oft: „ich bin zu" sagen. Bemühe Dich, dass Du - nicht, kein, aber und zu, aus Deinem Wortschatz so gut wie möglich entfernst. Dadurch werden sich auch Deine Sinne, Deine Aufmerksamkeit schärfen und Du wirst weitere ungewollte Selbstmanipulationen erkennen, die so eingerichtet wurden, dass wir uns klein und machtlos fühlen.

Es ist wirklich so und ich spreche hier aus Erfahrung, die ich selbst gemacht habe und der Erfahrungen, von Familie, Freunden und Kunden. Wenn wir ganzheitlich gesund sein wollen und in unserer Kraft und Macht, also in unserer absoluten Mitte sein wollen, dürfen wir einige schwerwiegende Umstände beachten und uns davor schützen.

An erster Stelle stehen die andauernden Bestrahlungen von Mobilfunk, WiFi, und Elektrosmog. Tatsächlich ist es so, wenn wir was einkaufen und gleich essen, schmeckt das lange nicht so gut, wie wenn es ein paar

Stunden bei uns daheim gelegen hat. Der Grund ist der Schutz unserer Atmosphäre und die vielen Energieträger in unserem Wohnreich. Alle Menschen die bei uns auf Besuch sind, bemerken, dass unser Wasser hervorragend schmeckt und fühlen sich sehr wohl bei uns.

Wir haben auf dem Hauptsicherheitsschalter vom Strom den Funktionskorrektor 2 blau angebracht, damit der Elektrosmog neutralisiert wird und das Licht die Qualität des Funktionskorrektors weiterträgt. So wird das Licht, wo immer Du die Korrektoren verwendest, in ein reinigendes, heilendes Licht verwandelt. Das Handy ist daheim immer ausgeschaltet und außerdem haben wir nur ein ganz altes Handy, welches nicht mal eine Internetfunktion hat. Ja, ich stehe auch im Geschäftsleben und es geht auch ohne Handy. Die Bestrahlung ist um Vielfaches stärker, als die Obergrenze erlaubt. Ein Vielfaches meint, bis zu einer Million Mal mehr. Unvorstellbar, doch so ist es leider.

Ganz wichtig ist, dass wir unsere Kinder mehr schützen, denn auch diese sind den ganzen Tag, mit ihrem noch sehr feinen

Organismus und Schaltstellen, diesen Bestrahlungen ausgesetzt und es gibt schon einige sehr gute Schutzmöglichkeiten, die eine hervorragende Wirkung haben.

Dazu möchte ich die <u>Kolzov Platten</u>, <u>RayGuard</u> und die <u>Urmaterie- Generatoren</u> erwähnen.
<u>Dr. Manfred Doepp</u>, bietet auch einige einfache Übungen, dass wir uns und unsere Kinder entswitchen können.

Ich bekomme immer wieder Nachricht, dass das nicht leistbar ist, denn wenn man gesund leben möchte, braucht man mehr Geld, welches oft nicht zur Verfügung steht.
So wie es mit den Gedanken ist. Auch und wahrscheinlich speziell bei diesem Thema, dürfen wir unsere Einstellung überprüfen. Was denkst Du über Geld und welche Einstellung hast Du dazu.
Einstellungen wie: "dieses verflixte Geld" oder „Geld ist schmutzig" oder Schlimmeres, wird Geld sicher nur schwer anziehen.
Geld selbst ist neutral und wird zu dem was Du daraus machst.
Ich habe diesen Knopf auch noch nicht ganz gelöst, doch ich habe Vertrauen und es funktioniert. Vielleicht habe ich noch nicht ganz das Urvertrauen, doch ich vertraue dem Leben, dass ich immer das habe, was meine Familie und ich brauche.
Behandle Geld wie einen guten Freund, dann wird es gerne zu Dir kommen.
So sieht es mit allem aus. Hast Du wenig Selbstliebe, wirst Du auch Beziehungen führen, die diesen Mangel aufweisen

(Dualität). Hast Du ein Mangelbewusstsein was Geld betrifft, wird sich kaum ein großer Geldfluss in Deinem Leben bemerkbar machen.

Ich kenne schon einige Menschen, die selbst in der Stadt einen beachtlichen Balkongarten haben. Wir selbst leben in den Bergen und Essen sehr viel Gemüse und Obst, welches entweder aus unserem Garten oder von anderen Gärten kommt, wo es halbwegs natürlich wachsen darf.
Angebot und Nachfrage. Je mehr Menschen schlechte und fragwürdige Produkte kaufen, umso mehr, werden diese auch angeboten, denn es geht bei diesen Geschäften noch um Profit und Gewinn und nicht darum, ob es uns guttut oder nicht.
Da sind wir wieder direkt bei der alten und der neuen Zeitqualität. Die alte Zeitqualität spricht und manipuliert in die Richtung von: „das Leben ist wie eine Hühnerleiter, kurz und beschissen" und die neue Zeitqualität bringt Freude, Spaß, Spiel und zeigt uns, dass das Leben wunderschön sein kann und wir wunderbare Erfahrungen mit uns und unserer Umwelt machen können.
Wir sind nicht hier, damit wir arbeiten und kaum Zeit für uns haben, geschweige denn für unsere Kinder, die extrem darunter leiden. Die alte Schiene funktioniert nicht mehr und wenn wir dennoch daran festhalten wollen, kommen wir nicht

aus dem Chaos und Leid, denn die alte Schiene hat bisher jenes verursacht und uns ständig dazu erzogen, dass wir noch mehr von diesem Leid erzeugen.

Index

Die Leichtigkeit des Seins

Wir dürfen uns wieder daran erinnern, wer wir und was wir sind. Wir wohnen in einem absolut perfekten Körper, der jeder Zeit die Macht und Kraft hat, dass er sich selbst heilen und regenerieren kann, wenn wir ihm Gutes tun und das geben was er braucht- beziehungsweise, das weg lassen, was nicht gut ist. Erst dann wird auch unser Geist so klar und offen, dass wir uns besser erkennen und unsere Qualitäten erkennen können. Selbst wenn Du im Moment von ungewollten Symptomen gepeinigt wirst, sind das nur Hinweise Deines Körpers, dass was fehlt oder etwas zu viel ist. Starke Symptome weisen darauf hin, dass Du die leichteren Unannehmlichkeiten, Dich selbst bisher übergangen bist und es auf die leichte Schulter genommen hast.
Wir dürfen (müssen) wieder lernen, dass wir uns jeden Tag Gutes tun – uns verwöhnen, auf uns achten und unserem

Körper wie Geist, die Nahrung geben, die wir für eine gute Entwicklung, Gesundheit und Wachstum brauchen.

Das alles hat nichts mit Egoismus zu tun, denn erst wenn Du Dich selbst liebst und richtig ernähren kannst, kannst Du auch andere Lieben und gut beraten.

Du kannst es an fast allen Beziehungen und an den Menschen selbst sehr gut erkennen. Wie viele Beziehungen kennst Du, wo der eine Partner, dem anderen Gutes tun will und umgekehrt? Wie viele Beziehungen kennst Du, wo der eine über den anderen nicht gerade positiv spricht? In Beziehungen, die gegenseitig darauf achten, dass es ihnen gut geht und an nichts mangelt, werden sehr lange halten und von Glück begleitet sein und so ist es auch mit unserem Körper und unserem ganzen Sein. Wenn Du bestrebt bist, dass Du Deinem Körper wirklich Gutes tun willst, wird er sich immer mit gutem Funktionieren, schneller Regeneration, Kraft, Ausdauer, Vitalität und Gesundheit bedanken. Du bist der Meister, der Ernährer und jene Instanz, die Deinen Körper mit einer gesunden Einstellung unterstützen kann.

Wenn ich mir ansehe, was sich die Leute im Supermarkt an Produkten kaufen, ist da kaum wer dabei, der seinem Körper Gutes tut oder auch nur im Entferntesten daran denkt.

Eine gute Übung ist es, wenn Du jeden Tag am Abend eine Tagesrückschau machst und die Dinge aufzählst, mit welchen

Du Dir Gutes getan hast. Wenn es da nichts gibt, solltest Du einen gewissen Betrag in eine dafür vorgesehene Kasse bezahlen. Am Monatsende kannst Du Dir mit diesem Geld dann die Dinge besorgen, die Du Dir bisher nicht gegönnt hast, weil Du Dich noch zu wenig Wert empfindest, wie zum Beispiel Vitamin D^3, K^2, gutes Vitamin C von der Acerola- Kirsche, OPC, Magnesium, Jod, oder der Gleichen.
JA, und nochmal ja – es ist sozusagen NOTWENDIG. Es herrschen absolute Mangelerscheinungen, so wie ich das sehe und was leicht an den häufig auftretenden Krankheitsbildern erkennbar ist. In der heutigen Zeit ist es wirklich nicht schwer, dass wir gute Information bekommen und auf viele Erfahrungsberichte in Film und Schrift zurückgreifen können.

Nicht nur die physische Nahrung hat Priorität, sondern alle Deine Emotionen, Deine Gedanken und Dein Handeln.
Wenn wir genügend Baustoffe, sprich Mineralien und Vitamine in uns haben wird auch unsere Gedanken- und Gefühlswelt klarer, ausgeglichener und wir erkennen leichter, was wir ändern dürfen oder was zumindest was ansteht. Durch das Erkennen selbst sind wir nichtmehr Spielball dieser Gewohnheiten und Programme
Wie oft hast DU DICH geärgert, wie oft hast Du negativ über Andere oder über eine Situation gesprochen oder gedacht? Wie oft gibst Du äußeren Umständen die Schuld an

Deiner Situation oder den Umständen, die Dir nicht angenehm sind, oder Du nicht willst?

Das was Du gestern gedacht und gefühlt hast, gestaltet Deine heutige Situation. In Summe werden alle unsere Programme, Einstellungen und Gedanken unser Leben genauso manifestieren., wie wir sie in uns tragen und äußern.

Wenn Du nur ein paar Tage Gutes und Gesundes isst, Dich mit guten Vitaminen und Mineralien auffüllst, tief atmest usw., wirst Du schnell den gewaltigen Unterschied bemerken. Ein wirklich sensationelles Gefühl der Klarheit und Kraft wird Dich durchströmen.

Index

Vertrauen

Du kennst sicher die Situation, wo Du vor einer Entscheidung gestanden bist und eine kleine Stimme, Deine innere Stimme hat Dir einen Impuls gegeben. Vielleicht hast Du danach gehandelt, doch meist überhören wir diese so wertvolle innere Stimme, die immer richtigliegt.

Je mehr Du Dich mit Deiner inneren Stimme beschäftigst umso klarer wird sie und wird Dich bestens durch Dein Leben führen.

Dieses Vertrauen, war für mich eines meiner Schlüsselerlebnisse. Es ist einfach nur schön, wie gut das funktioniert. Wir können natürlich auch Hilfsmittel verwenden und mit Hilfe von Muskeltests oder Anderem unsere Fragen austesten. Wenn Du jedoch beginnst, mit Deinem inneren Selbst eine gute Beziehung herzustellen, wirst Du das mächtige Potential erkennen, was für Dich immer zum Besten da ist.

Das geht ganz einfach, denn wir haben jeden Tag Herausforderungen und Entscheidungen zu treffen.

Du brauchst nur darauf achten, was Dir Deine innere Stimme, Dein Gefühl empfiehlt und es ist wichtig, dass Du Sie und Dich lobst, wenn sie recht hat und Du diese Empfehlung als Entscheidung übernimmst.

Dadurch wird für Dich von Mal zu Mal Deine innere Stimme besser hör- und fühlbar sein. Das wird eine Veränderung ergeben, denn dadurch fühlst Du Dich sicherer und das wird Deine persönliche Stärke, Klarheitund Ausstrahlung wachsen lassen.

Wirklich wissen wir alles, wenn wir uns dafür aufmachen können, uns nicht selbst im Weg stehen. Alles Wissen ist im Raum gespeichert, egal wie wir das benennen, Akasha Chronik, Bewusstseinsfeld, Datenbank oder wie auch immer. Die Namen sind nicht wichtig, sondern das Wissen, dass es vorhanden ist. Wir können uns wann auch immer in dieses Feld einklinken und unsere Antworten empfangen. Wie bei allem, dürfen wir auch hier langsam und klein beginnen, damit wir in diesem neuen Gebiet Erfahrung und Sicherheit erlangen können.

Die ersten Schritte, wie es sich bei mir ergab, habe ich zuvor geschrieben. Einfach damit beginnen, dass wir der inneren Stimme mehr Beachtung schenken, sie loben und eine gute Beziehung aufbauen. Das ist die Basis, dass wir weiteren Zugang erhalten und Wissen für uns abrufen können.

Vertrauen ist da natürlich das Um und Auf, denn wenn Du kein Vertrauen Dir gegenüber hast, also Zweifel hast, wird sich Dir Deine innere Stimme schwach oder gar nicht präsentieren.

Vertrauen ist der Raum in welchem Du Dich mit Dir treffen darfst, wenn Du eine fruchtbringende Kommunikation mit Deinem inneren Selbst haben möchtest. Das innere Selbst wird auch innerer Meister, innere Stimme, höheres Selbst oder auch wahres Ich genannt und wahrscheinlich gibt es noch viele andere Bezeichnungen, die das Selbe und Gleiche meinen.

Es ist eine so wunderbare Unterstützung, bei egal welchen Unternehmungen. Beim Einkauf brauche ich nicht mehr zu

fragen. Sobald ich an ein Produkt denke oder es berühre, kommt sofort die Antwort mit Abneigung oder Anziehung.

So ergab es sich auch, dass ich Vieles nicht mehr kaufte, weil ich es so gewohnt war, als ich meiner inneren Stimme Aufmerksamkeit schenkte. Ich brauche mir die Inhaltsstoffe nicht durchzulesen, wenn ich auf mein Selbst, meinen inneren Meister höre. Das ist gut, ok oder das hat ein sehr komisches Gefühl – ist nicht gut.

Ich habe es oft kontrolliert und durfte bemerken, dass es immer richtig war. Natürlich kann es auch sein, dass die Sache oder das Produkt an sich sehr gut ist, doch eben nicht für mich in diesem Moment und dann gilt es eben auch, dass man sich vertraut. Wenn wir zum Beispiel die Inhaltsstoffe lesen und für gut empfinden oder sogar sehr gut, doch unser Inneres sagt uns, dass es nicht gut ist für uns, darfst Du es auch weglassen und Dich bei Deinem inneren Selbst, Meister, Bewusstsein usw. bedanken und Dich sicher und gut aufgehoben fühlen. Dass wird Deinen inneren Meister so bestärken, dass die Kommunikation immer besser wird.

So muss ich auch nicht irgendeiner Situation oder irgendeiner Person vertrauen, denn mein innerer Meister, wird mich immer gut und zum Wohle aller beraten.

Ein paar kleine Beispiele

Einmal hatte ich eine Geschäftsbesprechung und wollte eigentlich einen Vertrag unterschreiben, wo zuvor schon alles besprochen und festgelegt wurde. Als ich jedoch den Vertrag unterschreiben wollte, kam in mir plötzlich ein: „mach das nicht" – was ich auch befolgte. Erst nach einer Zeit erkannte ich warum ich nicht unterschreiben sollte. Es war ja alles in Ordnung. Der Grund war, es hat sich eine noch bessere Gelegenheit ergeben, die ich damals noch nicht kannte.

Oder letztens erst im Ausland, standen viele Taxis und warteten auf Kunden. Wir wollten zu einem ganz bestimmten Mann in den Bergen, der für uns ein Pferd haben sollte und eben angeblich in dieser Zone wohnt. Wir kannten weder Namen noch Adresse und waren eben im Ausland. Ich sah mich um und bekam den Impuls einen ganz bestimmten Mann zu fragen. Schon ging es ganz schnell und dieser Mann hat uns auch noch zur gewünschten Familie gebracht.
Es gibt auch ganz viele Beispiele von kleinen Entscheidungen oder der Auswahl von Produkten, wo mich meine innere Stimme immer gut beraten hat.

So kommen wir jetzt zum Erwachen des Menschen in uns. Durch die Manipulation, die überall passiert, haben wir viele

unserer natürlichen Fähigkeiten abgelegt und viele sind
einfach verkümmert, weil wir sie nicht mehr verwendet haben
und dadurch degeneriert sind. Deswegen kommen wir nicht
mal mehr auf die Idee, dass wir besondere Fähigkeiten haben.
Noch schlimmer, unsere besonderen Fähigkeiten, welche
eigentlich ganz normale Qualitäten eines wachen Menschen
sind, werden belächelt und als Spinnerei abgetan (altes
Muster - Manipulation).

Wir glauben nicht mehr an uns, weil wir es schon so gewohnt
sind, dass Andere für uns denken und uns sagen was wir
machen, kaufen, essen, arbeiten und denken sollen.

Unser Familiensinn wird mehr und mehr zerstört, so dass wir
nicht mehr wissen, ob wir weiblich, männlich oder eine
Mischung daraus sind. Jetzt wird sogar die Gebärmutter für
Männer diskutiert.

Diese alte Zeitqualität ist auf ihrem fast tiefsten Punkt
angekommen und die Selbstentfremdung, ganz zu schweigen
von der Entfremdung der Natur, hat uns schon so sehr
verwirrt, dass wir für die einfachsten Dinge Hilfe brauchen
und nicht mehr glauben, dass wir selbst alles leicht und viel
besser können.

Alles ist Bewusstsein und ich möchte Dich dazu aufrufen, all
die kleinen Übungen, die ich im ersten Buch angeführt habe
und in diesem noch werde, auch eine Zeitlang beobachtend

machst, damit Du den gewaltigen Unterschied selbst
erkennen kannst, wie es ist, wenn Du in Deine Mitte kommst.
Das alles bringt uns der Eigenverantwortung immer näher, die
auch die Freiheit mit sich bringt, dass Du für Dich
entscheidest.

Es ist eine so äußerst wichtige Sache, dass wir erkennen, wie
diese alten Muster auf uns wirken und uns bewegen, eben
unsere vermeintliche Realität erschaffen, in der wir uns
gefangen sehen. Es bedarf, eben dieser Aufmerksamkeit auf
das was wir konsumieren und auf das was wir denken und
ausstrahlen. Dass kreiert zu einem großen Teil, dass was wir
erleben. Die Qualität unserer Beziehungen und unseres
Lebens selbst.

Wir haben uns angewöhnt, uns gegenseitig darauf aufmerksam
machend, dass wir unsere Sprache kultivieren und eben
Verneinungen und das „Aber" weglassen. Dadurch werden die
Sätze neu und positiv gebildet und wir können immer
bemerken, was das mit uns tut.

Warum sagen die Menschen: „das ist aber gar nicht
schlecht"? es ist doch viel schöner und aufbauender, wenn
wir, „das ist sehr gut" sagen. Viele ungewollte Situationen
entstehen nur aus dieser negativen Ausdrucks- und
Gedankenqualität.

Wie gesagt, alles ist Energie und Schwingung und dass was Du
aussendest, wird sich mit dem Gleichen verbinden und stärker

werden. So liegt es an Dir was Du mit Deinen Gefühlen, Gedanken, Deinem gesprochenem Wort und Deinen Taten produzierst.

Bei uns ist es schon so weit, dass wir sogar den Stempel und die Beschriftung auf unseren Tellern weggeschliffen haben, weil wir diese Energie nicht in unserem Essen haben wollen. Etwas abgehoben, doch hat es seine Berechtigung, wenn man an die Forschung von Masaru Emoto denkt.

Index

Wasser

Seitdem ich vor vielen Jahren sehen durfte, wie sich die Formation und Struktur von Wassermolekülen verändert, nur durch das Beschriften der Behältnisse in welchen es abgefüllt wurde, hat mir das diese Denkaufgabe gestellt. Wasser oder Flüssigkeiten sehen nicht nur anders aus, sondern schmecken auch anders und bekommen eine ganz andere Qualität. Du kannst Dir hierfür auch die Arbeit von Masaru Emoto ansehen, denn das ist sehr informativ. Wasser ist nicht gleich Wasser – da gibt es noch einiges an was wir uns erinnern dürfen. Wasser bestimmt zu einem erheblichen Teil die Qualität des Lebens und wir haben die Verantwortung, die Qualität des Wassers dort zu schützen wo sie noch gut ist und dort zu verbessern, wo das Wasser größtenteils schon seine Kraft und Macht verloren hat.

Da heißt es:

Die Struktur des Wasserkristalls spiegelt die Schwingungen der Umwelt".

Wasser ist Lebenskraft und Wasser ist ein vorzüglicher Energieträger. Mit seiner Erfindung der Wasserkristall-Fotografie gelang es dem japanischen Wasserforscher Dr.Masaru Emoto nachzuweisen, was empfindliche Menschen immer schon spürten und Homöopathen seit langem nutzen:

„Wasser nimmt alle verschiedenen Informationen auf. Selbst Gedanken übertragen sich auf Wasser und verändern es."

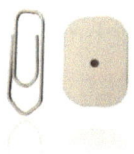

Jetzt kannst Du Dir leichter vorstellen, warum uns diese so verwirrten Informationen der Massenmedien und Erziehenden aus dem Gleichgewicht bringen. Wir bestehen aus einem sehr großen Teil aus Wasser und bis heute sind den Meisten die Qualitäten und Möglichkeiten von Wassers, nicht bekannt. Wasser ist nicht einfach H_2O. Wasser ist der Lebenssaft und überall vorhanden. Selbst der Treibstoffverbrauch zum

Beispiel, wird um vieles weniger, wenn ich einen oder zwei
<u>Kolzov Mini- Chips</u> an den Treibstoffleitungen befestige und
die Schadstoffausstoßung wird auch geringer.

So ist es noch mehr mit uns. Wenn wir strukturiertes Wasser
trinken, verändert sich auch die Struktur unseres
Körperwassers und das kann uns enorm helfen und wird uns
noch schneller weiterführende Erkenntnisse und
Wohlbefinden bringen.
Es sind nur ein paar wenige Punkte. Einige erscheinen
schwierig, andere wieder leichter, doch es ist erforderlich,
dass Du sie angehst, wenn Du Dich verändern willst und mit
der neuen Zeitqualität mitgehen möchtest.
Alles und alle werden schlussendlich in die neue Zeitqualität
gehen, doch wir können uns einige Blessuren und Kratzer
ersparen, wenn wir das Leben jetzt bewusster angehen.
Die Theorie über das Universum bestimmt unsere Zukunft,
die der Zivilisation. Eine falsche Vorstellung ist die Grundlage
für ökologische Katastrophen, in der wir schon sind. Die
offizielle Wissenschaft und Technik, die Gesellschaft, die
Planeten-Ökologie und vieles mehr, stecken voll in der
Sackgasse. Die Zeit ist reif, jetzt dürfen wir handeln ...

Jetzt ist es wichtig, dass wir selbst unterscheiden, was
„falsch" und was „wahr" ist. Die Übergangszeit fordert die
Menschheit zum Denken auf und nicht zum Erdulden der

präsentierten Umstände. Von gedankenlosen Sklaven zur Selbstverantwortung. Die eigene Meinung vertreten oder überarbeiten und einen möglichen Wechsel von Lebensprioritäten anstreben. Damit wird der gesunde Eintritt in die Neue Zeitqualität einfacher und zum Wohl aller vollzogen.

Herzlich willkommen auf dem Weg zum Wissen, Schutz und der Unabhängigkeit!

Die unverschämten Lügen fast auf allen Gebieten der Wissenschaft und in der Geschichte, haben ihre Grenzen erreicht. Einige kleine Beispiele:
Der moderne Mensch und der Neandertaler haben genetisch mehr als 200 Unterschiede und sind wissenschaftlich nachgewiesen, nicht verwandt. Darwin´s-Evolutionstheorie darf aufgegeben werden.
Wie kam der Mensch auf die Erde? Wieso nutzt er nur 3-5 % seiner Gehirnneuronen und warum sind ca. 95 % der Gehirnfunktionen inaktiv?
Wie kann der klinisch Tote erzählen, was er gesehen und gehört hat?
Und vieles mehr - von unerklärlichen Artefakten in der Archäologie bis hin zur Medizin, Chemie u.a. Wissenschaften.

Welche Möglichkeiten erwarten uns in der Zukunft und welche Fähigkeiten kann der Mensch wirklich erlangen? Bioroboter und Zombies, Bewusstseins-Manipulationen und totale Kontrolle oder Schutz vor PSI-Einwirkung, Potential-Entwicklung, Verjüngung und Regeneration.
Das ist unsere Entscheidung.

Index

Das Opfer und Täterspiel

So nun noch ein paar Worte zu diesem Thema, damit es vielleicht noch besser veranschaulicht wird.
Nahezu alle Menschen spielen das Opfer und Täterspiel. Es ist ein Bestandteil des alten Paradigmas hier auf Erden, durch die Erschaffung von gebundener Polarität und die Identifikation und damit Erfahrungen mit einer äußeren Welt machend.

Die menschliche Bewertung, das menschliche Drama, die Geschichten die wir uns täglich erzählen, wie schlecht wir von einem Menschen oder einer Menschengruppe behandelt worden sind, was uns als Mensch passiert ist, hält uns von Generation zu Generation als Opfer fest. Denn der Mensch erlebt immer das, womit er sich identifiziert und beschäftigt, eben dem was Dich bewegt. Identifiziert sich ein Mensch mit einem „Opferdasein", zieht er nahezu magisch den Täter in sein Dasein.

Indem wir uns als Opfer deklarieren, sagen wir, dass „da draußen" irgendjemand oder irgendetwas verantwortlich ist für das, was man gerade erlebt hat oder erlebt. Doch der einzige Weg etwas zu ändern liegt darin, dass wir die volle Verantwortung für das übernehmen, was wir erleben – denken, fühlen, handeln.

> „Ehe Du nicht weißt was Du tust,
> hast Du keine andere Wahl,
> als mit dem fortzufahren,
> was Dir so viele Leiden beschert hat."
> (Werner Erhard)

Eine Studie in den USA hat festgestellt, dass viele Frauen, die vergewaltigt wurden, bereits mehrere Vergewaltigungen hinter sich hatten, ja dass es sogar Frauen gab, die bis zu zehn Mal von verschiedensten Männern im Laufe ihres Lebens vergewaltigt wurden und die sich ständig sagten: "Was habe ich doch für ein Pech, dass ich dauernd vergewaltigt werde." Psychologische Studien weisen darauf hin, dass Mehrfachvergewaltigte in ihrem Innersten eine Opferhaltung aufweisen, die dem Unterbewusstsein potentieller Täter signalisierte "ich bin, dass ich vergewaltigt werde" oder auch „ich bin für Vergewaltigungen zu haben".

Nun, ist es nicht so, dass diese Frauen es lieben, dass sie vergewaltigt werden. Ihren Vergewaltigungen liegt vielmehr ein unbewusstes Glaubenssystem zugrunde, wie zum Beispiel „Männer sind grausam" oder „ich verdiene es vergewaltigt zu werden". Viele von ihnen hatten unbewältigte Schwierigkeiten mit der männlichen Bezugsperson in der Kindheit, die zu solchen unbewussten Glaubensmustern geführt haben.

In der psychotherapeutischen Praxis kam man zu dem Ergebnis, dass Frauen, die bereits mehrfach vergewaltigt wurden, und ein solches oder ähnliches Muster in sich trugen, geholfen werden konnte, wenn man sie an den Ursprung ihrer Erfahrungen führte, zu dem Zeitpunkt, an dem sich zum ersten Mal dieses Muster gebildet hat.

Aus dieser Erkenntnis entstand die sogenannte Regressionstherapie. Indem diese Frauen die volle Verantwortung übernahmen, dass sie es SELBST (unbewusst) kreiert hatten, dass sie vergewaltigt wurden, konnten sie einen Schritt weitergehen und den Mechanismus erkennen, wie sie es unbewusst provozierten, es also unbewusst „hinbekamen", dass sie Gewalttätigkeiten erleben mussten. So konnten die dahinterstehenden Glaubenssysteme aufgelöst werden, so wie emotional entladen und mental durch

umfassendere, höherstehende Glaubenssysteme ersetzt
werden.

Das Bewusstmachen unbewusster Abläufe von
Geisteshaltungen, Einstellungen und Glaubenssystemen ist der
erste Schritt. Diesen Artikel habe ich angeführt, damit ich
Dir das ganz bewusstmache, was unsere Gedanken und
Gefühlsmuster bewirken können.
Wir alle haben da unsere Themen, doch wenn wir wissen, dass
wir das alles machen, haben wir die Ansprechperson, uns
selbst, immer dabei und können immer augenblicklich
Wahrnehmen, wie und was uns bewegt. Dadurch kommen wir
auch einfacher auf die Ursache, welche diese Glaubensinhalte
hervorgebracht haben. Verantwortung übernehmen löst schon
sehr viel und wir fühlen uns auch nicht mehr ausgeliefert, weil
wir selbst alles ändern können und erkennen, dass wir uns nur
selbst gesucht haben.

Wir brauchen da auch keine Psychotherapie oder ähnliches.
Es gibt sehr gute Techniken, wie zum Beispiel die
Klopftechnik von Rainer Franke und das ist auch die Beste und
schnellste, die ich kenne. Sensationell.
Das Opfer- und Täterspiel fand man auch bei einem
schmächtigen Ehemann vor, der regelmäßig von seiner Frau
verprügelt wurde und sich doch nicht zu einer Scheidung

durchringen konnte. Er wollte unbewusst an seiner Opferrolle festhalten, deshalb unterließ er es sich von seiner Frau scheiden zu lassen.

Alle Opfer neigen dazu, dass sie ihre Verhaltensmuster als Ego- Teilpersönlichkeiten verteidigen, sogar pflegen, weil in dem Augenblick, in dem sie jenes Verhalten aufgeben würden, auch ihre Opferrolle wegfallen würde. Das hätte zur Folge, dass volle Selbst - Verantwortung für die Dinge, die ihnen täglich zustoßen, übernommen werden müsste. Das erscheint auf den ersten Blick unangenehmer, als wieder in die liebgewonnenen, unbewussten Glaubensmuster und anerzogenen Überlebensstrategien einzutauchen.

Sie wären dann ja keine Opfer mehr und niemand würde sie bedauern.

Das alles trifft auch für Kinder zu, denn wir sind alle Seelen, die schon sehr oft auf dieser Bühne gespielt haben. Wir alle bringen schon sehr viele Altlasten mit und haben möglicherweise auch noch die, die von unseren Vorfahren und Urahnen stammen.

Schuldzuweisung darf Selbstverantwortung werden, denn aus Sicht der Seele symbolisiert Schuldzuweisung Ohnmacht – und Verantwortungsübernahme die Macht – über das Eigen- und das Gruppenschicksal.

Immer wenn wir uns „beschweren", es liegt schon in dem Wort verborgen, erzeugen wir also nur neue Machtlosigkeit, neues Karma der Schuldzuweisung und halten uns gegenseitig als scheinbar vollkommen hilfloses Opfer in jener „Realität" fest.

Nicht der hat wahre Macht, der als Opfer den Täter bekämpft, sondern der, der sich aus der Opferrolle erhebt, Verantwortung übernimmt und dadurch den Täter als Spiegelbild überflüssig macht.

In unerleuchteter Form beschwert sich der Mensch täglich, doch dabei bleibt er selten bei der Wahrheit. Er erzählt seine Dramen aus einer stark personifizierten Sicht heraus, wie der Bösewicht immer „da draußen" ist. Nun, es ist richtig, sich erst einmal zu erleichtern, indem man sich seinen Frust und seinen Groll von der Seele spricht. Und es kann auch sein, dass man im Zuge seiner Emotionen die Dinge erst einmal verfälscht darstellt, nämlich so, wie das Unbewusste.

Sobald das emotionale Drama jedoch vorüber ist, sollte man sich um Objektivität bemühen und lernen zu unterscheiden, zwischen dem, wie die Sache „rein sachlich" war und dem, was man hineininterpretiert hat.
Im Zuge dieser Unterscheidung und Selbsterkenntnis, ist es dann hilfreich, dass wir den Eigenanteil und die

Eigenverantwortung in dem was uns passiert ist suchen, daraus Kraft schöpfen und die Dinge entsprechend ändern. Immer dann, wenn wir sagen können" ja, das war schmerzhaft, doch ICH SELBST habe das kreiert; DA ES SO GEKOMMEN IST", sind wir von Geschöpf zum Schöpfer unserer „Realität" geworden und haben damit den Schlüssel in der Hand, dass die Dinge ursächlich geändert werden können.
Wenn der Schöpfer auf die Erde kommt, dann durch uns und dann insbesondere durch jene, die Verantwortung für ihr Schicksal übernehmen.

Index

Ein weiteres sehr wichtiges Thema:

Die Körper- Organ- Reinigung

Dieses Kapitel sei hier angesprochen, weil wir uns durch die oberen Zeilen schon etwas mehr in unsere Richtung bewegt haben und möglicherweise eine wohlwollende Einstellung Dir selbst gegenüber gewachsen ist, die sehr wichtig für diese Unternehmungen ist.

Was verstehe ich unter innerer Reinigung. Es tut uns allen sehr gut, wenn wir mindestens ein Mal pro Jahr eine Körper- Organreinigung durchführen. Diese entfernen viele toxische

Mittel und Substanzen aus unserem Körper, damit unsere Organe wieder leichter und besser arbeiten können.

Zu meinen Lieblingsreinigungen gehört, „die wundersame Leber und Gallenblasen- Reinigung nach Moritz". Dazu gibt es ein wunderbares <u>Buch</u> welches zum Lebensbegleiter wird. Durch dieses Buch bekommen wir ein tieferes Verständnis der Aufgaben von Leber und Gallenblase, sowie über Gallensteine und Lebersteine.

Ich habe diese Reinigung schon sehr oft gemacht und auch viele meiner Freunde und Kunden. Selbst für mich vorbildliche Menschen, die gesund und sehr rein leben, verlieren bei den ersten Reinigungen bis zu 1000 Steine, wobei manche so groß sind wie eine 1 € Münze. Ja, Du hast richtig gelesen, bis zu 1000 Steine und mehr.

Sehr gut ist es, wenn Du die Reinigung ein Mal im Monat machst und dies ein ganzes Jahr. Bei mir sind nach dem achten Mal immer noch über 300 ganz kleine „Steine" abgegangen. Der Stuhl wird danach wieder wie von einem Kleinkind und man fühlt sich sehr wohl. Die Augen funktionieren wieder besser und viele kleine gewohnte Wehwehchen können ganz einfach verschwinden.

Sieh was da so aus uns herauskommt, bei so Leberreinigungen und das ist auf keinen Fall ein Einzelfall.

Bittersalz die Gallengänge weitet und entspannt, und die mit den Steinen ausgeschiedene Galle wie ein Gleitmittel wirkt (dies ist ein wesentlicher Unterschied zu einer Gallenkolik, wo kein Bittersalz und keine Galle vorhanden sind). Schlafen Sie, wenn Sie können.

Sollten Sie in der Nacht das Bedürfnis haben, zur Toilette zu gehen, tun Sie das. Überprüfen Sie, ob schon kleine Gallensteine (erbsengrün oder lehmfarben) auf der Wasseroberfläche schwimmen. Es kann sein, dass Ihnen während der Nacht und/oder am Morgen etwas schlecht wird. Dies ist auf das starke und plötzliche Ausscheiden der Gallensteine und Schlacken aus der Leber und der Gallenblase zurückzuführen, welches die Öffnung zurück in den Magen schiebt. Die Übelkeit wird mit dem Fortschreiten des Morgens nachlassen.

Am nächsten Morgen

06:00-06:30 Uhr: Nach dem Aufwachen, aber nicht vor 06:00 Uhr, trinken Sie Ihre 3. Portion Bittersalz (180 ml) (Sind Sie sehr durstig, trinken Sie ein Glas warmes Wasser vor dem Bittersalz). Ruhen Sie sich aus, lesen oder meditieren Sie. Wenn Sie sehr müde sind, können Sie weiter schlafen, obwohl eine aufrechte Körperhaltung wünschenswert wäre. Die meisten Menschen fühlen sich wohl und bevorzugen es, leichte Gymnastikübungen zu machen, wie z.B. Yoga.

08:00-08:30 Uhr: Trinken Sie jetzt Ihre 4. und letzte Portion Bittersalz (180ml.)

10:00-10:30 Uhr: Sie können jetzt einen frisch gepressten Fruchtsaft trinken. Eine halbe Stunde später können Sie ein bis zwei Stücke Obst essen. Eine weitere Stunde später können Sie eine leichte Mahlzeit zu sich nehmen. Am Abend, spätestens am nächsten Morgen, sollten Sie wohlauf sein und die ersten Anzeichen der Verbesserung spüren. Essen Sie während der folgenden Tage nur leichte Kost. Vergessen Sie nicht, dass Ihre Leber und Ihre Gallenblase eine schwere Operation hinter sich haben, jedoch ohne schädliche Nebenwirkungen.

116

Die Ergebnisse, die Sie erwarten können

Während des Vormittags und vielleicht auch des Nachmittags nach der Reinigung werden Sie einige Male wässrigen Stuhlgang haben. Anfangs handelt es sich um mit Nahrungsresten vermischte Gallensteine, dann nur noch um Steine und Wasser. Die meisten Gallensteine sind erbsengrün und schwimmen auf der Wasseroberfläche, da sie sich aus Gallenbestandteilen zusammensetzen (s. Abb. 13a). Die Steine haben verschiedene Grün-Schattierungen, können eine kräftige Farbe haben und wie Juwelen glänzen. Nur Galle aus der Leber gibt diese grüne Farbe.

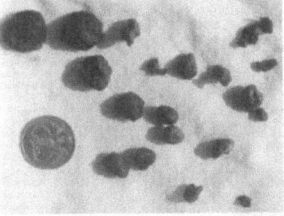

Abbildung 13a: Grüne Gallensteine

Gallensteine gibt es in allen Größen, Farben und Formen. Die leichten Farben sind die jüngsten. Schwärzliche Steine sind alt. Einige haben die Größe einer Erbse oder sind kleiner, andere wiederum können zwei bis drei Zentimeter Durchmesser haben. Es

117

---

kleinen Durchmesser und manchmal Tausende Steine (verschiedener Größen und Formen) auf einmal ausgespült werden (s. Abb. 13b).

Abbildung 13b: Verschiedene Typen von Gallensteinen

Suchen Sie auch nach gelb-braunen und weißen Steinen. Einige der größeren gelb-braunen und weißen Steine können mit dem Stahl nach

118

---

unten sinken. Es handelt sich um verkalkte Gallensteine aus der Gallenblase, die schwere toxische Substanzen beinhalten und einen geringen Cholesterinanteil haben (s. Abb. 13c). Alle grünen und gelben Steine sind dank dem Apfelsaft weich wie Knetmasse.

Es kann auch sein, dass Sie in der Toilette eine Schicht weißer oder gelber Spreu oder „Schaum" auf der Wasseroberfläche finden. Dieser Schaum besteht aus Millionen kleiner scharfkantiger Cholesterinkristalle, die leicht einen kleineren Gallengang aufschlitzen können. Es ist ebenfalls sehr wichtig, diese Kristalle auszuscheiden.

Versuchen Sie, die Anzahl der ausgeschiedenen Steine grob zu schätzen. Um dauerhaft Schleimbeutelentzündungen, Allergien, Rückenschmerzen, und andere Gesundheitsprobleme zu heilen und einen Erkrankungen vorzubeugen, müssen alle Steine entfernen. Dafür können mindestens sechs Reinigungen nötig sein, die in einem Rhythmus von 2-3 Wochen bis einmal monatlich durchgeführt werden können (Reinigungen sollten nicht öfter als angegeben durchgeführt werden). Wenn Sie die Reinigungen nicht in solch regelmäßigen Abständen durchführen können, ist es nicht schlimm, wenn Sie sich zwischendurch mehr Zeit nehmen. Es ist jedoch wichtig, dass Sie den angefangenen Prozess der Leberreinigung weiter durchführen, bis Sie an zwei aufeinander folgenden Reinigungen keine Steine mehr ausscheiden. Die Leber über längere Zeit (drei oder vier Monate) halb gereinigt lassen, kann unter Umständen mehr Unwohlsein bereiten, als sie gar nicht zu reinigen.

Die Leber wird bald nach der Reinigung besser funktionieren und Sie werden plötzliche Verbesserungen bemerken können, manchmal binnen einiger Stunden. Schmerzen lassen nach. Energie kommt zurück und der Geist wird klar.

Nicht desto trotz werden binnen weniger Tage die Steine von den hinteren Teilen der Leber nach vorne wandern, was einige der Symptome wieder zurück bringen wird. Es kann sogar sein, dass Sie enttäuscht sind, dass die Erleichterung scheinbar von so kurzer Dauer war. Doch dies ist ein deutliches Zeichen dafür, dass noch Steine vorhanden sind, die nur darauf warten, mit der nächsten Reinigung ausgespült zu werden. Doch die Reparatur- und Reinigungsfähigkeit

119

Ich kann Dir nur empfehlen, dass Du Dir dieses Buch besorgst und bei abnehmendem Mond damit beginnst. Diese Reinigung ist relativ einfach und in kurzer Zeit vollzogen.

Redefasten: für eine Zeit nicht sprechen
Schlaffasten: für 36 Stunden nicht schlafen
Fasten: 3 bis . . . . Tage nichts essen
Es ist sehr wichtig, wenn Du fasten möchtest, dass Du Dich darüber sehr gut informierst, bevor Du es angehst.

Index

Zähne

Die Zähne sind ein sehr leidiges Thema und von unseren Zahnärzten erhalten wir auch nur hoch giftige Substanzen oder verschiedene Metalle, die im Mund wie Batterien wirken und einen schlimmen Einfluss auf unsere Gesundheit und unser Gehirn haben.
Zähne haben sehr enge Verbindungen mit den inneren Organen und wirken sehr stark auf unser Gehirn, wenn ein Entzündungsherd vorliegt.
Es ist sehr wichtig, dass wir nur Zahnpasten verwenden, die keine giftigen Substanzen beinhalten. Fluor sollte neben anderen auf keinen Fall Verwendung finden.
Dass in den Kinderzahnpasten vorhandene Fluor, übersteigt meist den Grenzwert und vergiftet unsere Kinder täglich. Ich

kann davon ein Lied singen, denn in meiner Zeit gab es noch jeden Tag eine Fluortablette in der Schule.
Bei der Fluoridierung von Speisesalz, Trinkwasser oder von Zahnpasta werden Fluorverbindungen wie Natriumfluorid NaF oder Natriumhexafluoridosilicat Na_2SiF_6 zugesetzt und ich habe die schlimmen Auswirkungen bei Völkern, die normalerweise mit strahlend weißen starken Zähnen ausgestattet sind, selbst gesehen. Es ist gut, wenn Du Dich da auch gut informierst.

Index

Kolloidales Silberwasser

Dieses besondere kolloidale Silberwasser von Gerhard Kirchmair, verwende ich schon mehr als 25 Jahre.
Meine Kinder sind ungeimpft und mit dem Silberwasser aufgewachsen. Das ist ein Produkt, auf das ich mich immer verlassen konnte und kann. Ich weiß nicht was ich in schweren Situationen, ohne diesem kolloidalem Silberwasser machen hätte können und bin sehr froh, dass sich diese Frage nicht gestellt hat.
Wenn Du Dir und Deinen Lieben Gutes tun willst, ist dieses kolloidales Silberwasser eines der wirklich wertvollen Dinge, die wir immer daheim haben sollten.
Kolloidales Silberwasser gibt es schon sehr lange, doch wird seine hervorragende Wirkung und überhaupt das Produkt

selbst kaum erwähnt, weil es natürlich die Chemiekonzerne extrem stört. Wenn dieses Silberwasser noch bekannter wird, verlieren diese Konzerne sehr viel Umsatz und Geld.

Kolloidales Silberwasser hat keine unerwünschten Nebenwirkungen, sondern nur positive Wirkungen.

"Ionisiertes oder kolloidales Silberwasser ist einer der wirkungsvollsten Bakterienkiller und entpuppt sich als ein Wunder der modernen Medizin. Ein Antibiotikum eliminiert vielleicht ein Dutzend verschiedener Krankheitserreger, ionisiertes Silber ca. 650 !"

Science Digest , März 1978

"Jede Art von Pilz, Virus, Bakterium, Streptokokken, Staphylokokken und anderen pathogenen Organismen wird in drei bis vier Minuten abgetötet. Tatsächlich ist kein Bakterium bekannt, welches nicht durch ionisiertes kolloidales Silberwasser innerhalb von höchstens sechs Minuten eliminiert wird, bei einer Konzentration von nur fünf Milligramm pro Liter (5 ppm). Und selbst bei hohen Konzentrationen gibt es keine Nebenwirkungen."
Der amerikanische Arzt Dr. Robert O. Becker, MD, Autor und bekannter Biomedizinforscher erkannte einen Zusammenhang zwischen niedrigen Silberanteilen im Körper und Krankheiten. Der durchschnittliche Anteil im Körper beträgt ca. 0,001

Prozent. Er meint, ein Absinken dieses Wertes sei
verantwortlich für die Fehlfunktion des Immunsystems.
Es scheint, dass kolloidales Silberwasser sehr eng mit den
grundlegendsten Lebensprozessen verbunden ist.
Dr. Becker berichtet über seine Erfahrungen mit älteren
Patienten:
„Ionisiertes Silber hat mehr bewirkt als nur
Krankheitserreger abzutöten. Es förderte in besonderer
Weise das Knochen- Wachstum und beschleunigte die Heilung
von verletztem Gewebe um mehr als 50 %."

Er fand weiter heraus, dass Silber eine tiefgreifende
Heilstimulierung für Haut und anderes zartes Gewebe
bewirkt und dass es eine neue Art des Zellwachstums
fördert, die aussieht wie die Zellen von Kindern!
Diese Zellen wachsen schnell und produzieren dabei eine
erstaunliche Sammlung einfacher Zellformen, die in der Lage
sind sich mit hoher Geschwindigkeit zu vermehren und sich
dann in die spezifischen Zellen eines Organs oder eines
verletzten Gewebes zu verwandeln, selbst bei Patienten über
50 Jahren.

Dr. Becker entdeckte sogar, dass ionisiertes Silber
Krebszellen in normale Zellen zurückverwandeln kann.

Schon alleine, wenn Du diesen letzten Absatz aufmerksam

liest, kannst Du erkennen, dass es sich um ein wirklich wichtiges Produkt handelt.

Dieses besondere Wasser hat uns schon sehr oft gerettet. In Asien hatten wir leider große gesundheitliche Herausforderungen, für eine längere Zeit. Ohne Silberwasser hätten wir uns in die Hände dieser sehr seltsamen Ärzte begeben müssen, was uns Gott sein Dank, erspart geblieben ist.
Ich selbst habe in den letzten Jahrzehnten nur in extremen Situationen zu chemischen Produkten gegriffen, was auch nur aus Angst und der schweren Situation entstanden ist.
Alle Kinderkrankheiten und sonstigen Beschwerden, haben wir mit Silberwasser bei der Heilung begleitet oder ausschließlich verwendet, wenn es eine Pilz- Bakterien- oder Virenthematik war.

Kolloidales Silberwasser beeinflusst auch die Heilung und Wiederherstellung von Gewebe. Ich habe es schon sehr oft erlebt, dass wenn ich Wunden mit diesem Silberwasser behandle, kaum Narben zurückbleiben und die Verheilung um vieles angenehmer und schneller vor sich geht.

Dieses kolloidale Silberwasser hat auch einiges mit der Produktion von Stammzellen zu tun.
Sobald im Blutstrom genügend Silberionen vorhanden sind, ist der Körper zur Bildung von Stammzellen fähig und zwar in der

genau notwendigen Menge und genau an der Stelle wo sie benötigt werden.

Deshalb ist es auch sehr wichtig, dass Du wenn Du mit Silberwasser beginnst, dieses am Anfang für mindestens sechs bis acht Monate jeden Tag einnimmst, damit Dein Körper wieder mit Silberionen überschwemmt wird. Danach kannst Du die Einnahme reduzieren oder unterbrechen und erst dann wieder einnehmen, wenn Du meinst, dass Du es wieder brauchst. In der Zeit der Einnahme wirst Du sicher die positiven Wirkungen bemerken, was Dir dabei hilft, dass Du erkennen kannst, wann Du wieder welches einnehmen solltest.

Wenn wir dieses Silberwasser immer wieder mal einnehmen, gibt es kaum mehr Grippe oder andere Symptome. Wie gesagt, ich war schon seit mehr als 30 Jahren bei keinem Arzt als Kunde, was nicht heißen soll, dass die Belastungen unserer Zeitqualität an mir vorübergehen. Doch wenn Du in der Eigenverantwortung lebst, weißt Du immer ziemlich genau und auf jeden Fall besser als jemand anderer, was Dir fehlt und was Du brauchst, dass Du wieder in Deine Mitte kommen kannst.

Index

Jod

Jod ist ein sehr wichtiger Bestandteil, für unsere Gesundheit und das gute Funktionieren unserer Drüsen. Leider ist das Thema Jod, ein Thema mit vielen verschiedenen Meinungen und Annahmen. Von giftig bis unerlässlich ist alles dabei.
Das Thema Jod will verstanden werden und so möchte ich kurz darauf eingehen.
Der beste Lieferant von Jod, sind Algen, gefolgt von Fisch, Fertig Produkte, Eier usw. also Vieles, was ich auf keinen Fall ausreichend oder gar nicht konsumiere.

Algen werden so wenig gegessen, dass die Versorgung mit Jod nicht ausreichend ist.

So sieht es auch bei Fisch aus, der zwar gegessen wird, doch meist von Züchtern und weniger Meeresfische, zumindest nicht genug, dass der Jodhaushalt abgedeckt werden kann.

Das Jod in unserem Speisesalz wäre vielleicht ganz gut, wenn es nicht ausdampfen und verschwinden würde, doch das Salz, welches nur fälschlich so bezeichnet wird ist sehr ungesund für den Menschen.
Wenn eine Ziege einen solchen Leckstein hätte, also aus Speisesalz = Natriumchlorid, würde das Tier in kurzer Zeit sterben.

Als Würzmittel würde ich das nicht verwenden, denn das ist mehr als schlimm für unseren Körper. Das beste Salz für uns ist das Himalaya- Salz, welches wir mit Agnihotra- Asche und Lichtpulver mischen und dann in einen Glasstreuer einfüllen.

Normales Speisesalz wird auch noch mit Weichmachern und Rieselhilfen versetzt und ist wie gesagt kein wirkliches Salz, sondern Natriumchlorid.

Nachlesen – nachsehen – es ist wichtig, dass wir uns selbst informieren – in Form bringen, damit es auch den nötigen Wachstumsprozess bewirkt und sich Bewusstsein verändern, wachsen kann. Deshalb möchte ich auch keine Studien oder „Beweise" für meine Meinungen anführen. Wenn wir einfach die Produkte betrachten und uns für die Herstellung interessieren, fällt einiges sehr stark auf.

Ein kleines Beispiel:
Früher wurden gewisse Blütenessenzen mit zwei Blättern zwischen den Fingern gepflückt und danach liebevoll weiterverarbeitet. Heute werden diese Blütenessenzen Großteils maschinell verarbeitet. So ist auch die Wirkung. Vieles ist, gibt es neu zu entscheiden und es ist wirklich keine große Umstellung, wenn man ohne Milch lebt. Früher hätte ich nie gedacht, dass ich mal so etwas sage. Doch je mehr ich auf mein Herz und meine Gefühle achte, umso mehr esse ich nur noch vegetarisch, wenn man so sagen möchte und bevorzuge

immer mehr Rohes. Es ist einfach ein sehr gutes
Körpergefühl, wenn ich merken kann, dass mein Körper mit
den nötigen Vitaminen und Mineralien aufgefüllt wird.

Hier möchte ich noch einmal die Wichtigkeit von Wasser
erwähnen und damit meine ich nicht H^2O sondern, die
lebende Substanz Wasser.
Wasser vermag so vieles, dass es unvorstellbar ist. Wasser
hat ein Gedächtnis, nimmt alles von seiner Umgebung auf und
speichert dies als Information, die dann so in unseren Körper
kommt. Deshalb ist es so wichtig, dass lebendiges
strukturiertes Wasser getrunken wird, denn erst dann können
viele wichtige Funktionen in unserem Körper funktionieren,
die bis dahin verlegt und nicht ausreichend versorgt waren.
Viele Blütenessenzen haben deshalb ihr Herz verloren, weil
das Wasser in dem sie ihre Kraft entfalten könnten, nicht
lebendig ist.
Alles hängt damit zusammen. Wenn Du technokratisches
Essen zu Dir nimmst, gehst Du ein großes Risiko ein, denn
dieses Essen hat vielleicht ein Bewusstsein welches Dir
absolut nicht zuträglich ist. Es ist sehr wichtig, dass wir
unsere Nahrung von der Bewusstseinsebene betrachten.
Nun nicht nur unsere Nahrung. Diese Erfahrungen können
meist erst dann bemessen werden, wenn auch die Erfahrung
gemacht wurde.

Vor langer Zeit war ich auf einer Reise und traf auf eine Gruppe, die sich da getroffen hatte, um ein paar Tage zu entgiften, Aufbauen, Reinigen, usw. Ich wurde eingeladen mitzumachen und habe mich auch dafür entschieden.
Ein paar Tage, vielleicht 9 und alles hatte sich verändert.
Ich fühlte mich stark, energetisch, mächtig, fein, groß.
Meine erste Erfahrung in dieser Richtung, die zu meinem Leben geworden ist.
Nach 9 Tagen gutes, gesundes Wasser, Entspannung und Bewegung, viel rohes Gemüse, Kräuter, Obst, Meditation, war ich wie neu geboren.

Danach konnte ich sehr schnell feststellen, welch unangenehmes Körpergefühl entsteht, wenn ich technokratisches Essen zu mir nehme. Für mich ist das wirklich furchtbar und kann nur mit „nein danke" behandelt werden. Es geht natürlich auch so weit, dass Du darüber nachdenken darfst, welches Leid Du mit der Wahl Deiner Produkte unterstützt und so am Leben erhältst.
Erkenne Dich als Mensch, dann brauchst Du das nicht Stück für Stück aufarbeiten, denn dann kommt es aus Dir. Handle aus Deinem Herzen. Mach das, was sich gut für Dich anfühlt. Gut in dem Sinn, dass es gut für Dich und alle Beteiligten ist.

Die Veränderung kommt allmählich und soll auch nicht erzwungen werden. Wir alle kommen aus einem Clan in welchem es ganz bestimmte Verhaltensweisen und Muster gibt. Kaum einer glaubt, wie sehr wir mit diesen Programmen, mit unseren Ahnen verbunden sind.

Es lohnt sich, dass Du in dieses Thema blickst. Ich konnte da einiges finden und erkennen, was nicht von mir war und meiner wirklichen Überzeugung wiedersprach.

Ich habe einige Selbsterfahrungsseminare besucht, wo sich sicher auch etwas verändert hat, doch die Methode von Rainer Franke, ist mit Abstand, die beste für mich. Ich kann sie immer und fast überall machen, es ist einfach und sehr wirkungsvoll. Rainer Franke findest Du auch bei YouTube.

Wichtig bei allem in unserem Leben, ES DARF FREUDE MACHEN. Freude am Tun, am Fühlen, am Sein. Du kannst das gleich machen. Nimm Dir für den Rest des Tages vor, dass Du Dich so oft wie möglich daran erinnerst, dass Du Freude hast. Einfach so. Hab einfach Freude. Das ist eine sehr gute Übung und Du wirst durch das Hin und Her switchen – Freude – und normales Tagesgefühl, bemerken, dass es die Energetik gewaltig hebt, wenn Du Dich einfach freust.

Im ersten Buch habe ich schon die Wertschätzung angesprochen, die sehr schnell die Energie anhebt und in Folge schönere Erlebnisse in unseren Erfahrungsbereich zieht.

Das sind alles Themen, die für viele Menschen weit weg sind. Ist doch mal was Gutes, wenn man sich mit anderen Dingen beschäftigt, die auch noch positive Reaktionen hervorbringen.

Das ist auch eine Hilfe, dass wir aus der Bewertung gehen, weil wir dann auch nicht so viel mit seltsamen Gedanken beschäftigt sind, die möglicher Weise auch noch unangenehme Gefühle machen. Da ist es doch viel besser, dass ich mich mit der Ausreifung positiver Eigenschaften und Qualitäten beschäftige.

Alle glauben, dass wir in die Schule gehen müssen, wenn wir was werden wollen, was bei diesem Schulsystem auf keinen Fall zutrifft. Wir lernen immer und überall und wenn wir eine andere Einstellung zum Lernen gelernt hätten, würde es jedem Spaß machen und um ein Vieles schneller gehen. Wir brauchen auch nicht „etwas werden", denn wir sind schon. Wir dürfen uns an uns erinnern und wieder in unsere Macht kommen.

Wir dürfen lernen, dass wir auf unsere Qualitäten achten und diese ausbilden. Was glaubst Du welch enorme Energie freigesetzt wird, wenn Du das machst, was Dir Freude macht, Du bist?
Es sollte keine Frage sein, wie komme ich dahin, wie schaffe ich das, oder das geht nicht.
Alles geht. Wenn wir einen Weg sehen können, dann gibt es auch einen. Wenn Du es Dir nicht vorstellen kannst, wird es wohl auch nicht wirklich klappen.
Weiter ist es auch sehr wichtig, dass wir auf unsere Fügungen achten.

Vieles, und das bei sehr vielen Menschen, geht an uns vorüber, weil wir die Nachricht, die Fügung nicht verstehen. Wenn wir uns auch hier wieder öfters daran erinnern, dass wir aufmerksam sind und nicht mechanisch reagieren, sondern alle Situationen möglichst neu erleben, werden wir die Welt neu entdecken und erstaunt sein, was sich alles an positiven Umständen bemerkbar macht und anbietet.

Wie das geht, wird beim Machen erfahren und schon bist Du in der Wahrnehmung. Wunderbar – schon wieder kannst Du Dich in Wertschätzung üben.

Worum geht es mir?

Ich bin froh, wenn ich mit diesem Büchlein ein paar Menschen erreiche, die darüber nachdenken, warum es so ist wie es ist und vielleicht für sich einen leichteren Weg finden, dass unser Leben einfacher und angenehmer gestaltet werden kann.

Viele sagen: „in der heutigen Zeit ist es schon sehr schwer Positives zu sehen", was auch seine Richtigkeit hat. Je nach dem in welche Richtung ich meine Aufmerksamkeit lenke, dass wird genährt und tritt uns näher. Ja, es tritt uns näher.

Wie im vorhergegangenem Thema. Wenn wir uns mit der Ausreifung unserer Qualitäten und positiven unterstützenden Anlagen beschäftigen, haben wir es in dieser Zeit immer mit erfreulichen aufbauenden Energien zu tun. Hier ist es wieder erwähnenswert, dass es Spaß machen soll, denn Druck erzeugt Gegendruck, Freude am Spiel und alles geht ganz leicht.

Vor allem ist die Frage über das „Warum alles so ist wie es ist", recht schnell beantwortet. Das Einzige was wir tun können ist, dass wir als „Vorbild" durch unser inneres (höheres) Selbst, inneren Meister usw. leben und damit möglichst viele Menschen darauf aufmerksam machen, dass es anders auch geht.

Es liegt an uns und wir dürfen endlich das Warten beenden. Jetzt ist es Zeit das wir handeln und der beste Beginn ist jetzt, mit sich selbst beginnen. Wir können unser Umfeld augenblicklich mit unseren Gedanken und Gefühlen verändern.

Menschlichkeit leben, die Sprache des Herzens wiederlernen, öffnen für positive Energien, weg vom mechanischem funktionieren. Wieder lernen, die Welt mit Kinderaugen sehen. Und glaube mir, Kinder haben keine rosarote Brille auf, wie uns glauben gemacht werden will. Kinder checken sehr wohl was abgeht, meist besser als Erwachsene. Dass was schön ist, Kinder haben meist sehr radikale Veränderungsanregungen, um das was ist zu entfernen oder verändern, wenn es nicht sein soll.

Da wird sofort und nachhaltig verändert und fertig. Das nächste Thema bitte. Kein Wenn und vielleicht – anders muss eben anders.

Ich glaube auch nicht, dass wir ohne Hilfe, unsere unerwünschten Programme erkennen und auflösen können. Die mir, als einzige bekannte, wirksame Methode, ist eben die von Rainer Franke. <u>Glaubenssätze auflösen</u> oder <u>Klopf Dich Frei!</u>

Wir sind mehr als dazu fähig das wir schnell und nachhaltig alles zum Positiven verändern. Wir brauchen es nur machen. Da sind wir wieder in der Veränderung von alter zu neuer Zeitqualität. Je mehr Menschen ihr Menschsein erkennen und leben, umso schneller wird diese Energie größer und stärker und kann besser seine Resonanzen spielen lassen.

In dem Sinn möchte ich hier das zweite Büchlein schließen. Wie gesagt, dass hier in diesem Büchlein geschriebene, ist aus mir und meinem Leben entstanden und beansprucht nicht das es als Wahrheit gesehen wird.

Ich wünsche Dir gutes Gelingen und freue mich, sollten Dich die von mir geschriebenen Zeilen, in Deinem Lebensweg bestärken oder Dich zum Umdenken bewegen. Die Zeit ist reif, deshalb geht alles ganz leicht, was mit unserer Natur schwingt.

Liebe und Hingabe für Dein eigenes Leben, zum Wohl aller Beteiligten.
Sei mit Gesundheit, Glück und Wohlstand gesegnet.

Ich freue mich auf Deine Meinung, falls Du das möchtest, kannst Du mich gerne kontaktieren.

Gut erreichen kannst Du mich via - E-Mail
info@robert-klaushofer.com

Index

Interessante Bücher
die mich teilweise schon lange begleiten:

Gerhard P. Kirchmair
Das Silberwasser Buch:
Wie ich auf einfache Weise gesund und fit bleibe
Hier kommst Du zur **Buchbestellung**

Lise Bourbeau
Dein Körper sagt: Liebe Dich!
Die metaphysische Bedeutung von über 500 Gesundheitsproblemen mit ihren emotionalen, mentalen und spirituellen Ursachen.

Dr. med. Mag. theol. Ryke Geerd Hamer

Die seelischen Ursachen der Krankheiten
Nach den 5 biologischen Naturgesetzen, entdeckt von
Dr. med. Mag. theol. Ryke Geerd Hamer

David Münnich
Das System der 5 Biologischen Naturgesetze (Band 1)

Kurt Tepperwein
Was Dir Deine Krankheit sagen will:
Die Sprache der Symptome

Wladimir Megre
Anastasia

Vadim Zeland
TransSurfing
Die Realität ist steuerbar

Dr. Gerald H. Pollack
Wasser - viel mehr als H2O Bahnbrechende Entdeckung
Das bisher unbekannte Potenzial unseres Lebenselements

Andreas Moritz
Die wundersame Leber & Gallenblasenreinigung
Ein kraftvolles Verfahren zur Verbesserung Ihrer Gesundheit
und Vitalität

Weitere Bücher von mir:

Robert Klaushofer
Kolzov Platten Funktionskorrektoren 2. Auflage 2017:
Neue Wege und Anwendungen 18.08.2017

Robert Klaushofer
Band 1
Erkenne Deine Möglichkeiten und wer Du bist
Erschienen am 08.2017

Robert Klaushofer
iWand & iWand 2 – der gesunde Puls
Gesundheit und der Weg 16.11.2015

Ich bedanke mich herzlichst
Robert Klaushofer
E-Mail:info@robert-klaushofer.com
http://bewusstes.com
https://www.shop.robert-klaushofer.com
https://www.robert-klaushofer.com

Symbol gegen Elektrosmog

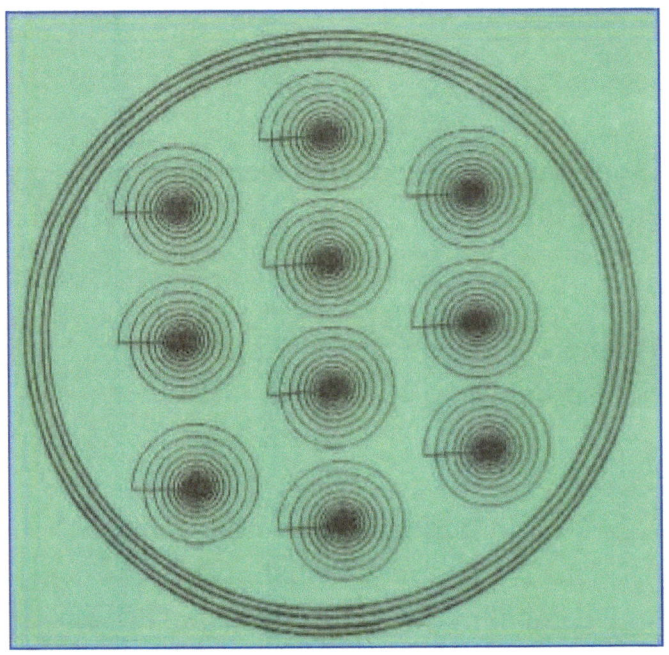

Blume des Lebens

Herstellung und Verlag: BoD – Books on Demand, Norderstedt.
ISBN 9783746035734